MW00680252

n parle français. Relie.

croissant

bouquet

brioche

dépliant

champagne

biberon

peluche

garage

foulard

collier

tailleur

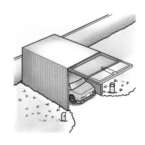

2 **Réponds.**

Comment il s'appelle ?

Il ....

Comment elle s'appelle ?

....

Et toi, comment tu t'appelles ?

Moi, je ....

3 **Qu'est-ce qu'ils disent ?**

rueaviro   ojburon   obeunintn   niboros   catho   ts

Complète :

Hélico dit ....

Léo ....

....

4 **Mets dans le bon ordre.**

Bon après-midi   Bonne nuit   Bonjour   Bonsoir

.... - .... - .... - ....

Hélico
et ses copains

Rita Bossus
Électre Vincent

Cahier d'activités

1

PIERRE BORDAS ET FILS

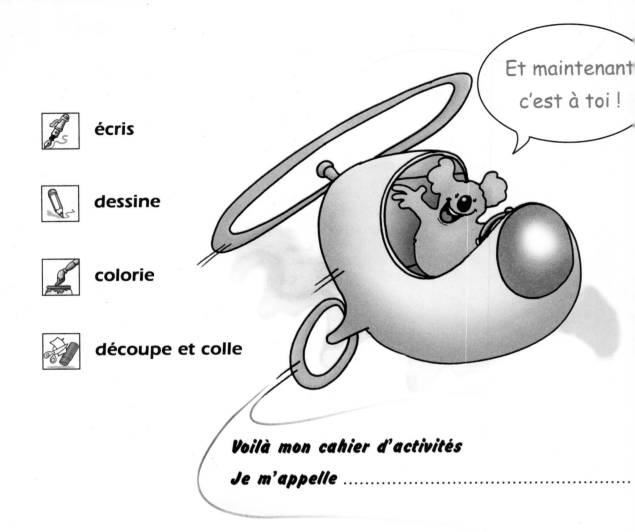

écris

dessine

colorie

découpe et colle

Et maintenant c'est à toi !

Voilà mon cahier d'activités

Je m'appelle ....

© 2000 - **ELI - Pierre Bordas et Fils**
BP 6 - Recanati - Italie
Tél. +39/071/750701 - Télécopie +39/071/977851
e-mail: intersales@elionline.com
www.elionline.com

Supervision didactique: Herbert Puchta

Illustrations: Antonio Tregnaghi

Imprimé en Italie par Tecnostampa s.r.l. - Loreto   00.83.293.0

ISBN **88 - 8148 - 531 - 1**

5   **Qui est-ce ? Découpe et colle page 29.**

C'est ....

6   **Qu'est-ce que c'est ? Découpe et colle page 29.**

C'est ....

activités

7 **Complète et lis avec ton copain.**

LA TABLE DE L'ADDITION

Trois et six c'est neuf.

Six et ci ça fait o

+	0	1	2	3	4	5	6
0							
1							
2							
3							
4							
5							
6							

LA TABLE DE LA SOUSTRACTION

Six moins quatre : ça fait deux.

Cinq moins cinq c'est zéro.

Est-ce que tu peux compléter la table de la soustraction ?

-	0	1	2	3	4	5	6
0							
1							
2							
3							
4							
5							
6							

Le jardin multicolore.

...s le jardin il y a :

...x fleurs rouges

...e fleur bleue

...fleurs jaunes

...e fleurs orange

...s fleurs roses

 Complète les noms des couleurs et colorie-les.

B L _ _   R _ S _   J _ _ N _

I _ R R _ N   V _ R T   R _ _ G _

R _ N G _   G R _ S   N _ _ R

L _ N C   _ N D _ G _   V _ _ L _ T

activités

10  **Écris les nombres et colorie les petits ballons.**

vingt-quatre

14 quatorze

26 vingt-six

treize

dix-sept

vingt-cinq

vingt-deux

dix-huit

dix-neuf

trente

vingt

vingt

seize

quinze

vingt-sept

vingt-trois

vingt-neuf

vingt-hu

activités

Qu'est-ce qu'il y a sur la table ? Relie.

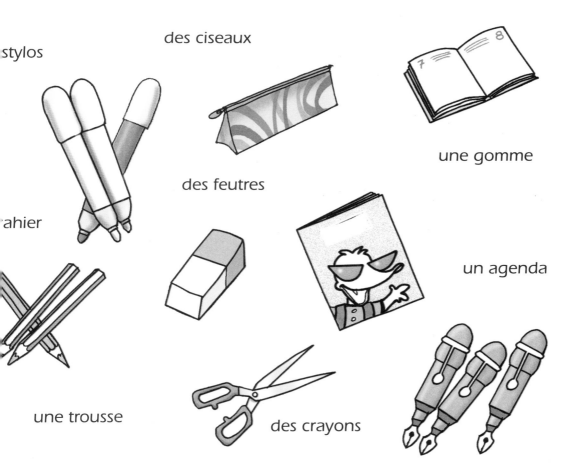

des ciseaux

stylos

une gomme

des feutres

ahier

un agenda

une trousse

des crayons

 Et maintenant fais deux listes.

la table il y a :

un agenda

des ciseaux

....

....

....

....

....

....

13 Combien de bonbons ? Lis et écris en lettres.

activités

J'ai
....
bonbons.

J'ai
....
bonbons.

J'ai
....
bonbons.

J'ai
....
bonbons.

J'ai
....
bonbons.

J'a...
....
bonb...

14 Combien de feutres ? Le numéro est caché dans la phra...

Salut ! Je m'appelle Suzanne.

Voilà ma boîte de feutres.

Suzanne a .... feutres.

Utilise le code pour découvrir les affaires d'école de Julie.

...s le sac à dos de Julie il y a : une ▼ ❤ ❑ ◆ ▲ ▲ ✠ rouge et jaune,

✈ ❀ ❄ ▮ ✠ ❤ ▲, deux ● ▮ ❖ ❤ ✠ ▲, une ❤ ✠ ✐ ● ✠

n ❀ ✐ ✠ ❄ ❄ ❀ .

...s sa trousse il y a : un ▲ ▼ ⊖ ● ❑,

...ze ❄ ✠ ◆ ▼ ❤ ✠ ▲ ,

...✐ ❑ ○ ○ ✠ , les ✈ ▮ ▲ ✠ ❀ ◆ ❞

...x ✈ ❤ ❀ ⊖ ❑ ❄ ▲   ❄ ✠   ✈ ❑ ◆ ● ✠ ◆ ❤ ▲.

...e :

B C D E F G H I J K L M N O P Q R S T U V W X Y Z

Et maintenant dessine et colorie.

...s le sac à dos de Julie il y a :   Dans la trousse de Julie il y a :

16 Complète le texte.

La boum d'anniversaire

.... et ses copains fêtent l'anniversaire de ....

Il y a des .... et des .... , des ....

et des .... Les enfants apportent des .... :

un .... , un .... , une ....

Léo a un gros .... avec neuf ....

Hélico chante .... anniversaire.

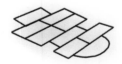

Le soir les enfants jouent à la ....

---

cadeaux - gâteau - jus de fruits - ballon - bougies - cocas - Hélico -
biscuits - marelle - Léo - joyeux - trousse - jeu-vidéo - bonbons

Vrai ou faux ?

	vrai	faux
t l'anniversaire d'Hélico	☐	☐
a des sandwichs	☐	☐
a des jus de fruits	☐	☐
âteau est petit	☐	☐
a neuf ans	☐	☐
enfants jouent à cache-cache	☐	☐
co chante	☐	☐

Qu'est-ce qu'on mange à la boum d'anniversaire ?
Qu'est-ce qu'on boit ?

ISCUITSDESJUSDEFRUITSDUCOCADELORANGINADESPETITSFOURSDESBONBONSDESSANDWICHS

À la boum d'anniversaire

on mange   on boit

....

....

....

....

activités

19  **Qu'est-ce que c'est ? Relie les points et réponds.**

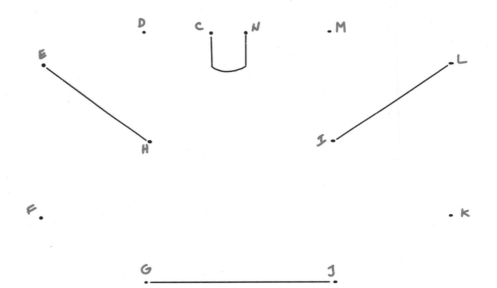

C'est ....

20 **Retrouve les mots que tu peux faire avec ces lettres.**

F A E C U M T O R N J I G

....

....

21   Devine les cadeaux d'anniversaire et complète les bulles.

| Pour mon anniversaire je voudrais .... | Pour mon anniversaire .... | Pour.............. .... | Pour.............. .... | Pour.............. .... |

activités

activités

22 **ou / u ? Complète les mots.**

Sal ... t !

S ... rprise !   .   la t ... pie.   .   Z ... t, mes ballons !

le fl ... o.   .   la b ... m.

Au sec ... rs !

      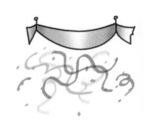

un j ... s de fr ... it.   .   une b ... gie.   .   une tr ... sse.

Écris les mots.

24 Choisis le bon dessin.

Elle est française

Le gâteau a dix bougies.

C'est mon copain.

Bonne Nuit.

Écris la bonne phrase sous chaque dessin.

....

....

Iric joue à colin maillard.   Françoise joue aux quilles.
ise joue à cache-cache.   Anne-Marie joue à la marelle.
re joue au béret.   Thierry saute à la corde.

 Écris les lettres qui manquent pour compléter l'alphabet.

B   C   D   .....   F   G

I   .....   K   L   M   .....

P   .....   R   S   T   .....

.....   X   .....   Z

activités

27 Complète les noms des jours.

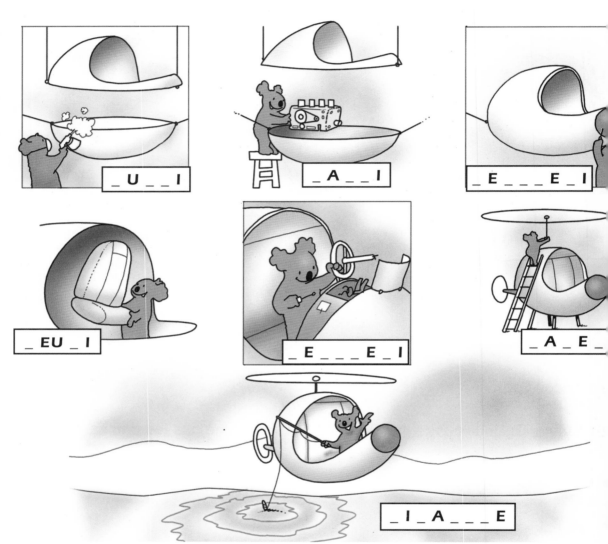

_ U _ _ I

_ A _ _ I

_ E _ _ _ E _ I

_ EU _ I

_ E _ _ _ E _ I

_ A _ E _

_ I _ A _ _ _ E

28 Trouve l'intrus.

1) la gomme - la colle - la règle - les fruits - le fluo

2) rouge - orange - ami - vert - blanc

3) onze - bleu - cinq - trois - douze

4) la marelle - les quilles - le béret - le loto - la trousse

Remets le dialogue dans le bon ordre.

aimes les dominos ?

rs, jouons aux cartes.

ut Sylvia. Tu joues avec moi ?

Non, je préfère les dames.

Oui, volontiers.

Moi, je n'aime pas les dames.

Coche la bonne case.

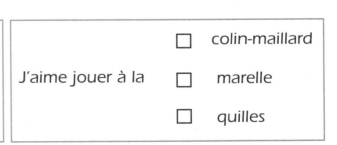

	☐ stylo			☐ colin-maillard
es mon	☐ copain		J'aime jouer à la	☐ marelle
	☐ bravo			☐ quilles

	☐ Annie
i neuf	☐ aimes
	☐ ans

activités

activités

31 **Fais trois listes.**

petite - main - violet - grand - yeux - gros - noir
oreilles - gris - front - joue - rose - bon - orange - joli

liste 1 couleurs	liste 2 parties du corps	liste 3 caractéristique.
....	....	....
....	....	....
....	....	....
....	....	....
....	....	....

32 **Complète la comptine.**

Mon petit ami

Mon petit ami mange des ....

Mon petit copain va toujours très ....

Dans son sac à dos il a trois ....

Si on va jouer il dit "Bonne .... !"

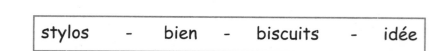

stylos - bien - biscuits - idée

ch / j ? Complète les mots.

Bon ... our !

les ... ouets

ca ... e-ca ... e

... anter

les ... ambes

la bou ... e

les ... aussures

la ... upe

le ... ardin

les ... aussettes

34  Écris les phrases dans les bulles.

Attention, Hélico !
Hélico, où est ma casquette ?
Un instant.
Arrête !

... et là-bas ton jean.
Tu es prêt ?
Oh non, mon sweat préféré !
Mais voyons, Léo ! Sur ta tête !
Tiens ! Ici il y a tes chaussettes !

Écris le texte dans le bon ordre.

Sandrine et Michel.

la mer avec

L'école est

Les vacances

je pars

mes copains

finie et demain

en vacances. Je vais

Écris le dialogue dans le bon ordre.

Je vais à la montagne.

....

Salut Philippe, ça va ?

....

Merci. Au revoir.

....

Quelle chance ! Bonnes vacances !

....

Oui ça va, merci. Demain
je pars en vacances.

....

....

Avec qui ?

....

Ah, bon. Où est-ce que tu vas ?

....

Avec mon copain Stéphane.

....

37 **Dis-moi tes goûts ! Complète la grille.**

	j'aime ♥	je n'aime pas
couleurs		
jours de la semaine		
vêtements		
jeux		
lieux de vacances		
jouets		
numéros		
lettres de l'alphabet		

3 Retrouve les mots cachés dans la grille.

TITE VOITURE ↓
J-VIDÉO →
O ↑
NGYING →
BAUT ←
NIE ↙
BIB ↘
LICO →
UGIE ↓
LLERS ↓
OCOLAT →
ANGINA →
NBON ↑
RET →
TRAPER →
I →
→
R ↓
US →
I →
MANCHE ↓
EC ↓
E ↑
↑
NS ←
MPING ←
←

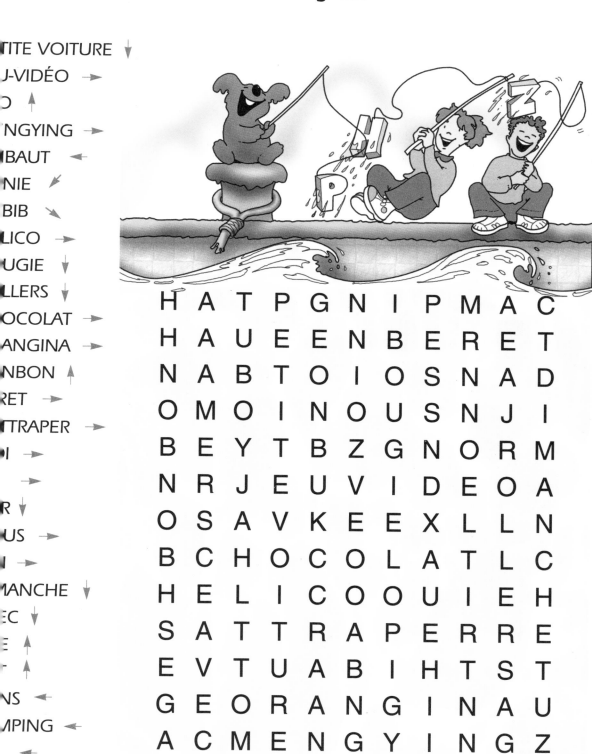

```
H A T P G N I P M A C
H A U E E N B E R E T
N A B T O I O S N A D
O M O I N O U S N J I
B E Y T B Z G N O R M
N R J E U V I D E O A
O S A V K E E X L L N
B C H O C O L A T L C
H E L I C O O U I E H
S A T T R A P E R R E
E V T U A B I H T S T
G E O R A N G I N A U
A C M E N G Y I N G Z
```

39   **Devinettes. Complète les solutions et dessine**

① Je suis blanche.
Je suis dans une trousse.
Je suis une g _ _ _ e.

② J'ai 90 numéros.
Je joue toujours avec les enfants.
Je suis le l _ _ o.

③ Je suis grand.
J'ai sept couleurs.
Je suis l' a _ _ - _ _ - _ _ _ l.

④ Je suis petit et formidable.
Léo est mon copain.
je m'appelle H _ _ _ _ o.

⑤ Pour jouer avec moi on saute
et on compte : un, deux, trois,
quatre, cinq, six, sept, huit, neuf.
Je suis la m _ _ _ _ _ e.

⑥ J'ai un gros nez rouge,
une grande bouche et de
grandes chaussures.
Je suis un c _ _ _ n.

Découpe et colle page 5.

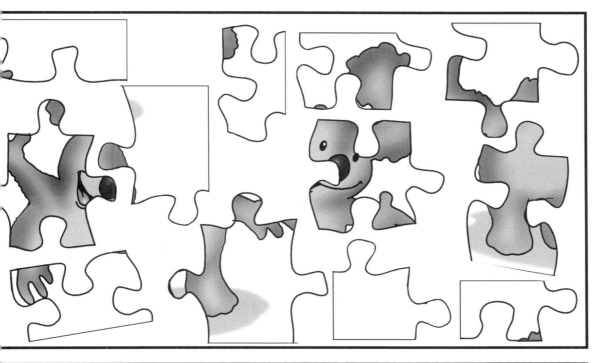

activités

Trouve la bonne réponse et écris les numéros.

Où est-ce que tu vas en vacances ?

☐ Ce sont des feutres.

Tu es allemand ?

☐ Un agenda, deux livres et une trousse.

Qu'est-ce qu'il y a dans ton sac à dos ?

☐ Jean-Luc Poirier.

Qui est-ce ?

☐ Hélico arrive avec son hélicoptère.

Qu'est-ce que c'est ?

☐ Non, je suis anglais.

Comment tu t'appelles ?

☐ Je vais au bord du lac.

Qu'est-ce qui se passe ?

☐ Onze ans.

On est quel jour aujourd'hui ?

☐ À cache-cache.

À quoi est-ce qu'on joue ?

☐ Dans ma chambre.

Tu as quel âge ?

☐ Le lundi, 3 février.

Où est ta casquette ?

☐ Une petite voiture et des rollers, s'il te plaît.

Qu'est-ce que tu veux ?

☐ C'est Habib.

Hélico
et ses copains

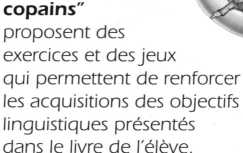

■ Les cahiers
d'activités
de la méthode
**"Hélico et ses
copains"**
proposent des
exercices et des jeux
qui permettent de renforcer
les acquisitions des objectifs
linguistiques présentés
dans le livre de l'élève.

■ Ces activités peuvent se faire
individuellement ou en groupe,
en classe ou à la maison,
en fonction de la répartition horaire
établie par le professeur.

ISBN 88-8

9 788881

PIERRE BORDAS ET FILS